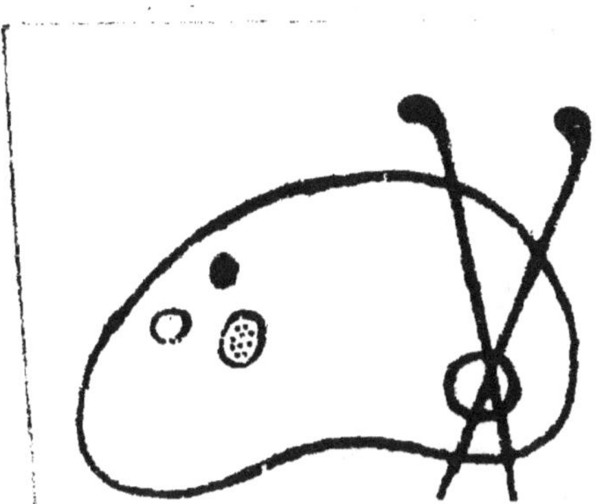

Début d'une série de documents
en couleur

LA
TACHYGRAPHIE ITALIENNE
DU Xe SIÈCLE,

PAR

JULIEN HAVET.

EXTRAIT DES COMPTES RENDUS
DE L'ACADÉMIE DES INSCRIPTIONS ET BELLES-LETTRES
(T. XV, 4e série).

PARIS.

IMPRIMERIE NATIONALE.

M DCCC LXXXVII.

PARIS,

ALPHONSE PICARD, ÉDITEUR,

LIBRAIRE DES ARCHIVES NATIONALES

ET DE LA SOCIÉTÉ DE L'ÉCOLE DES CHARTES.

RUE BONAPARTE, N° 82.

DU MÊME AUTEUR :

Fin d'une série de documents
en couleur

LA
TACHYGRAPHIE ITALIENNE
DU Xe SIÈCLE.

PARIS,

ALPHONSE PICARD, ÉDITEUR,

LIBRAIRE DES ARCHIVES NATIONALES
ET DE LA SOCIÉTÉ DE L'ÉCOLE DES CHARTES.

RUE BONAPARTE. N° 82.

LA
TACHYGRAPHIE ITALIENNE
DU Xe SIÈCLE,

PAR

JULIEN HAVET.

PARIS.
IMPRIMERIE NATIONALE.

M DCCC LXXXVII.

LA
TACHYGRAPHIE ITALIENNE DU Xe SIÈCLE,

COMMUNICATION FAITE À L'ACADÉMIE DES INSCRIPTIONS ET BELLES-LETTRES,
LE 12 AOÛT 1887.

Le 11 mars 1887, j'ai eu l'honneur de lire devant l'Académie des inscriptions et belles-lettres un travail intitulé : *L'écriture secrète de Gerbert* [1]. L'objet de cette communication était d'exposer les principes et de donner le déchiffrement d'une écriture syllabique employée dans les lettres de Gerbert et dans quelques bulles signées par le même personnage, quand il fut pape sous le nom de Silvestre II. Il résulte des observations soumises alors à l'Académie que cette manière d'écrire dérive de la tachygraphie connue sous le nom de *notes tironiennes*, mais qu'elle s'en distingue par plusieurs traits essentiels et surtout par une plus grande simplicité. Les notes tironiennes expriment chaque mot par un signe et comportent, en principe, autant de signes distincts qu'il y a de mots dans la langue latine; l'écriture de Gerbert se compose uniquement de caractères syllabiques, dont le nombre est restreint et la formation soumise à des règles faciles à retenir.

J'avais présenté ce système comme particulier à Gerbert. Un membre de l'Académie, M. Paul Viollet, m'exprima alors une opinion différente. Selon lui, le moyen âge avait dû connaître plus d'un système de tachygraphie; à côté des notaires fidèles à l'antique discipline tironienne, il avait pu exister une école dissidente : Gerbert était un disciple de cette école. J'objec-

[1] *Académie des inscriptions et belles-lettres, Comptes rendus des séances, 4e série, t. XV, p. 94-112, et à part (Paris, Alphonse Picard, in-8°).*

tais à cette supposition qu'en dehors de ses lettres et de ses bulles, l'écriture en question ne se rencontrait nulle part. J'inclinais donc à penser qu'il l'avait inventée et s'en était réservé le secret.

Ma supposition était fausse; c'était M. Viollet qui avait raison. Une publication qui a suivi de très près ma lecture le prouve et jette sur la question une lumière nouvelle.

Le tome XXV de la *Miscellanea di storia italiana*, publié en 1887 par les soins de la Députation royale d'histoire de Turin, contient un mémoire de M. le professeur C. Cipolla sur plusieurs documents du x⁰ siècle, acquis récemment par la bibliothèque de S. M. le Roi d'Italie en cette ville. Deux de ces documents sont reproduits en fac-similé par le procédé héliographique dans les planches jointes au volume. Le premier, un acte notarié fait à Calliano en janvier 969, se termine par quelques mots en caractères tachygraphiques; l'autre, passé aussi par-devant notaire et daté d'Asti, le 2 octobre 977, porte au verso sept lignes composées entièrement de caractères semblables. M. Cipolla nous apprend qu'avant de publier ces fac-similés, il les avait communiqués à M. W. Schmitz, de Cologne, bien connu par ses travaux sur les notes tironiennes. M. Schmitz répondit que les signes soumis à son examen étaient des notes syllabiques dérivées des tironiennes, mais qu'il n'en pouvait donner l'explication. Un autre savant versé dans les mêmes études, M. O. Lehmann, de Dresde, fit la même réponse.

Ces notes syllabiques ne sont autres que celles qui se rencontrent dans les lettres de Gerbert. En appliquant aux textes tachygraphiques des actes publiés par M. Cipolla les notions et les règles qui m'avaient guidé dans le déchiffrement de ces lettres, je les ai lus sans difficulté; j'y ai trouvé, de plus, la confirmation des valeurs que j'avais cru pouvoir attribuer, non sans un peu d'hésitation, à plusieurs des caractères, employés dans les lettres. Or, l'un de ces actes est antérieur au premier voyage de Gerbert en Italie. Celui-ci n'a donc pas inventé cette écriture; il l'a trouvée en usage parmi les clercs italiens et il l'a apprise à leur école.

Possédant déjà plusieurs spécimens de cette tachygraphie, on pouvait espérer en trouver d'autres. C'était en Italie qu'il convenait tout d'abord de diriger les recherches. J'écrivis à M. le Surintendant des Archives royales de l'État, à Turin; à M. le Bibliothécaire de l'Ambrosienne, à Milan; à MM. les Archivistes des deux cathédrales d'Asti et de Novare, l'une et l'autre particulièrement riches en actes du x⁰ siècle, à en juger par les publications dont elles ont fourni la matière. Dans l'un seulement de ces dépôts j'obtins un résultat [1] : aux archives de la cathédrale d'Asti, M. le chanoine P. Bianchi, archiviste, découvrit sur le verso de deux actes, l'un du 8 juillet 987, l'autre du 11 mars 996, deux longs morceaux en notes syllabiques. Il voulut bien m'informer aussitôt de sa découverte et se chargea fort obligeamment de faire faire par M. V. Ecclesia, d'Asti, des photographies des deux documents; je mets ces photographies sous les yeux des membres de l'Académie [2]. L'action du temps s'est fait gravement sentir; l'encre a pâli et le parchemin a noirci. J'ai pu cependant lire, sur l'une et sur l'autre pièce, une portion plus ou moins considérable du texte écrit en notes. Comme sur le parchemin de 977, étudié par M. Cipolla, ce texte n'est autre chose qu'une reproduction abrégée de l'acte écrit au recto [3].

A Paris, M. Alexandre Bruel, sous-chef de section aux Archives nationales, a bien voulu appeler mon attention sur un

---

[1] M. l'abbé Ceriani, bibliothécaire de l'Ambrosienne, a bien voulu m'informer que cette bibliothèque ne contient rien qui réponde à ma demande.

[2] L'une de ces photographies est reproduite sur la planche ci-jointe.

[3] Les deux actes en question ont été imprimés : Historiæ patriæ Monumenta, Chartarum tomus I, col. 374, n° 164, et col. 297, n° 178.

acte original, passé à Pavie le 16 juillet 967, qui fait partie des titres de l'abbaye de Cluny conservés à la Bibliothèque nationale [1]. L'une des signatures placées au bas de cette pièce, celle du juge *Haginulfus*, est suivie d'une sorte de monogramme formé par la réunion de quatre notes syllabiques, qui reproduisent le même nom :

On ne peut douter que de nouvelles recherches ne doivent faire connaître encore bien d'autres monuments du même genre [2]. En attendant, en voilà assez pour bien constater l'existence de cette tachygraphie syllabique et pour permettre, dès à présent, d'en déterminer les règles et d'en reconnaître les éléments constitutifs [3].

A première vue, les caractères syllabiques n'offrent pas, d'un document à l'autre, une similitude parfaite; mais les

[1] Collection de Bourgogne, vol. 77, pièce 42. Imprimé : Aug. Bernard et Al. Bruel, *Recueil des chartes de l'abbaye de Cluny*, t. II, dans la *Collection de documents inédits sur l'histoire de France* (Paris, 1880, in-4°), p. 308, n° 1228.

[2] Aux textes que je viens d'énumérer il faudrait peut-être ajouter : 1° une ligne de caractères inscrits dans la marge supérieure de la page 78 du manuscrit 5750 du Vatican, provenant de Bobbio (fac-similé dans Mai, *Classicorum auctorum e Vaticanis codicibus editorum tomus III*, et dans Zangemeister et Wattenbach, *Exempla codicum latinorum litteris majusculis scriptorum*, planche 5); 2° une série de signes placés à la suite de la signature du juge *Lanfrancus*, dans un acte des archives de Cluny, daté de Pavie, le 14 décembre 1069, qui n'est plus connu que par une copie moderne (Bibliothèque nationale, collection Moreau, vol. 283, fol. 61 v°) et dont je dois également l'indication à M. A. Bruel; mais, comme je n'ai pu arriver jusqu'ici à rien déchiffrer de ces deux textes, je ne saurais affirmer qu'ils appartiennent au même système d'écriture.

[3] On trouvera, dans la première partie de l'Appendice placé à la suite du présent mémoire, le déchiffrement des spécimens actuellement connus.

différences s'expliquent aisément sans porter atteinte à l'unité du système. Les signatures de trois bulles de Silvestre II, des années 999, 1001 et 1002, nous offrent les seuls spécimens qui soient à la fois tracés avec soin et conservés en original; mais ce sont aussi les plus récents en date et sans doute les plus éloignés de la tradition primitive. Les passages écrits en notes dans les lettres de Gerbert ne nous sont parvenus que par l'intermédiaire de plusieurs copies, qui n'ont pu les reproduire sans les altérer. Les fragments écrits au verso ou au bas des actes des notaires italiens sont des originaux, mais ils ont été écrits à la hâte et le plus souvent sur le dos du parchemin, dont la surface rugueuse oppose à la plume un obstacle sensible; aussi le tracé en est très irrégulier. Il est facile, avec un peu d'attention, de faire la part de ces influences et de retrouver sous les altérations diverses le type normal de chaque note.

Les principes essentiels de cette écriture ont été exposés dans mon premier mémoire. Chaque caractère représente une syllabe et pour écrire un mot il faut autant de caractères que le mot a de syllabes différentes. Parmi ces caractères syllabiques, quelques-uns sont entièrement semblables à ceux de l'écriture tironienne. La plupart des autres sont formés avec des éléments empruntés à la même écriture, mais ces éléments sont groupés d'une façon nouvelle. Le plus souvent, les notes des syllabes qui commencent par une même consonne offrent une même conformation dans la partie du haut et de gauche, c'est-à-dire dans celle par laquelle la main commence le tracé inversement, celles des syllabes qui ont une terminaison commune présentent une conformation commune dans la partie que la main trace en dernier, la droite et le bas. Chaque note syllabique est donc un composé d'éléments alphabétiques, fondus en un seul tracé, mais faciles à séparer par l'analyse. J'ai donné, d'après les souscriptions des bulles de Silvestre II, des

exemples et des preuves à l'appui de ces diverses proposi-
tions [1].

Quelques mots d'un usage fréquent sont écrits en abrégé.
Deux modes d'abréviation sont employés. Tantôt le mot est
représenté par sa première ou ses deux premières syllabes :
ainsi l'on trouve, dans les lettres de Gerbert, *ar* pour *archiepis-
copi*, et, dans l'acte du 2 octobre 977, publié par M. Cipolla,
con pour *quondam* et *civi* pour *civitate*. Tantôt on a écrit à la
fois le commencement et la fin du mot, en laissant de côté le
milieu : à cette catégorie appartiennent, dans le même acte,
les abréviations *civi-e* pour *civitate*, *Jo-nes* pour *Johannes*, *p-ter*
pour *presbiter*; dans ceux d'Asti, *s-e* pour *sancte*, *s-ti* pour
sancti, etc. Toutefois, l'emploi de ces procédés est fort restreint.
Des mots qui revenaient très fréquemment dans les actes,
comme *filius*, *abitator* (pour *habitator*), *indiccione*, *incarnacione*,
sont écrits tout au long, bien que quelques-uns d'entre eux
exigent un assez grand nombre de caractères différents. On
peut tirer de ce fait un indice sur l'époque à laquelle remonte
probablement l'invention de la tachygraphie syllabique. Si cette
tachygraphie avait été longtemps en usage, le système d'abréviations qu'elle comporte n'aurait pas manqué de s'étendre et
de se perfectionner. La pauvreté de ce système doit faire pré-
sumer que l'art des tachygraphes italiens en était à ses dé-
buts [2].

Au reste, l'histoire de la tachygraphie syllabique sera difficile à faire, tant qu'on n'en possédera pas un plus grand
nombre de monuments.

[1] *L'écriture secrète de Gerbert*, dans les *Comptes rendus*, p. 99 et 100, et à
part, p. 10 et 11.

[2] La seconde partie de l'Appendice ci-après donne la liste des syllabes dont
les caractères se rencontrent dans les divers documents recueillis jusqu'ici, avec
l'indication des endroits de chaque pièce où l'on devra chercher ces caractères.
Cette liste comprend aussi le relevé des quelques mots qui peuvent s'écrire en
abrégé.

Tous les spécimens connus ont été écrits en Italie, sauf une seule exception, les lettres de Gerbert; mais Gerbert avait fait plusieurs séjours en Italie, soit quand il suivait la cour du comte Borrel, puis celle des empereurs Otton Ier et Otton II, soit quand il gouvernait l'abbaye de Bobbio; et, avec sa curiosité naturelle, il n'avait pas dû négliger l'occasion de s'initier au procédé d'écriture rapide des notaires italiens. On peut donc croire que l'usage de cette notation ne s'est pas étendu en dehors de la péninsule. Ailleurs, ceux qui voulaient faire montre de quelques notions de tachygraphie traçaient des notes tironiennes conformes au système classique; on en trouve de nombreux exemples, pour le xe siècle, dans les chartes de la Touraine.

Tous les spécimens connus sont des dernières années du xe siècle ou des premières années du xie. Or, suivant la remarque qui vient d'être faite, la notation syllabique, quand ils ont été écrits, n'était probablement pas depuis très longtemps en usage. Il semble donc qu'elle ait été inventée vers le milieu ou dans la première moitié du xe siècle. Mais c'est une conclusion provisoire, qu'une découverte nouvelle peut renverser d'un moment à l'autre.

Une pièce conservée à la Bibliothèque nationale [1] fournit quelques lumières sur les circonstances qui ont pu conduire à cette invention. C'est une charte de Metz, qui contient un contrat privé, en date du 27 décembre de l'an 9 de l'empereur Lothaire (problement 848). Au dos du parchemin, on a écrit, en notes tironiennes proprement dites, un abrégé de l'acte, avec une copie de la liste des témoins. Ce morceau se compose pour la plus grande partie de noms propres d'origine germanique, pour lesquels les anciens n'avaient pas laissé de notes toutes faites; le scribe a dû les former syllabe par syllabe, à

[1] Collection de Lorraine, vol. 980, pièce 2.

l'aide du syllabaire contenu dans les lexiques tironiens. Pour les syllabes non prévues dans ces lexiques, il a été obligé d'imaginer divers expédients. Or, des difficultés semblables ont dû se présenter fréquemment; on comprend qu'elles aient inspiré à quelque esprit inventif l'idée d'une réforme.

Cette réforme a été double. On a supprimé les notes qui exprimaient des mots; et, comme ces notes étaient très nombreuses et très longues à apprendre, on a singulièrement allégé par là l'étude de la tachygraphie. En même temps, on a revisé et complété le syllabaire tironien, de manière à le rendre propre à écrire tous les mots, les noms communs, les verbes, etc., aussi bien que les noms propres de toute provenance.

En mettant à exécution ce programme, on paraît avoir cherché d'abord à utiliser dans la mesure du possible les signes fournis par les lexiques tironiens. On a emprunté à ces lexiques, non seulement les notes qui composent les chapitres spéciaux du syllabaire, mais encore celles qui expriment des mots monosyllabiques : ainsi la note de la préposition *per* est employée dans la tachygraphie italienne pour représenter la syllabe *per*, dans tous les mots dont elle fait partie. Par contre, on a éliminé des syllabaires certains signes qui n'avaient pas une forme assez caractérisée (*ma, me, mo, po, ra*, etc.): ceux-là ne seraient pas restés reconnaissables dans un morceau tracé avec rapidité. Enfin, on a créé toute une série de signes nouveaux, composés, comme il a été dit ci-dessus, avec des éléments, les uns empruntés aux notes tironiennes, les autres entièrement originaux : citons, comme exemple de ces derniers, les deux points (:) pour la voyelle *e*, le petit cercle au haut des caractères qui représentent les syllabes commençant par une *u*, etc.

L'écriture tachygraphique ainsi formée a eu plusieurs emplois. Dans les actes où on la trouve au dos du parchemin, celui qui a écrit les notes s'en est servi comme d'un procédé de notation plus rapide que l'écriture ordinaire; c'est ce que prouve la précipitation avec laquelle elles ont été tracées. Est-ce une minute que le notaire rédigeait ainsi avant d'expédier l'acte ? Est-ce une mention ajoutée après coup par l'archiviste qui le classait? Il est difficile de se prononcer; j'inclinerais volontiers pour la première hypothèse. Quand, au contraire, la tachygraphie syllabique a servi seulement à écrire quelques mots sur le recto, à la suite d'une signature, on ne peut y voir qu'un expédient pour empêcher les falsifications : tel est le cas pour l'acte de Calliano, publié par M. Cipolla, pour celui de Cluny, à la Bibliothèque nationale, pour les bulles de Silvestre II. Enfin, Gerbert, en se servant de la même notation dans quelques passages des brouillons de ses lettres, peut s'être proposé, soit seulement d'écrire plus vite, soit aussi de garder plus sûrement le secret de ce qu'il écrivait.

Les derniers exemples certains de l'emploi de cette manière d'écrire se trouvent dans deux bulles de l'an 1002. Il semble donc que la pratique de la tachygraphie syllabique se soit perdue au xi⁰ siècle. Mais c'est encore un point sur lequel il faut se garder de prononcer trop vite, car nous ne savons quelles découvertes l'avenir peut encore nous réserver.

Qu'il me soit permis de terminer par un appel aux érudits, aux bibliothécaires, aux archivistes, particulièrement à ceux qui ont la garde des riches collections paléographiques conservées dans les différentes villes de l'Italie. Jusqu'ici, l'existence même de la tachygraphie italienne étant restée ignorée, nul n'était averti de l'intérêt qu'il y avait à en rechercher et à en signaler les monuments. L'attention est maintenant attirée sur ce sujet; déjà un journal de Turin[1] a indiqué à ses lecteurs les deux textes tachygraphiques découverts à la cathédrale

[1] *Gazzetta piemontese*, n° 169, 20-21 juin 1887.

d'Asti. Espérons que ceux qui rencontreront désormais des documents analogues voudront bien les faire connaître et autant que possible les rendre publics. Il y a là tout un chapitre de l'histoire de la tachygraphie à reconstituer.

APPENDICE.

I. TRANSCRIPTION DES TEXTES TACHYGRAPHIQUES.

Dans les textes suivants, les parties écrites en caractères ordinaires dans les documents sont imprimées en romain; la transcription des notes tachygraphiques, *en italique*. Les parties effacées ou déchirées sont indiquées par des points (...); si le texte de ces parties a pu être rétabli par conjecture, il est placé entre crochets [ ]. Lorsqu'un mot du texte tachygraphique a été écrit en abrégé, la partie omise est placée entre parenthèses ( ). Les notes dont je n'ai pu déterminer la valeur sont représentées chacune par un astérisque (*).

A

Acte notarié, passé à Pavie, le 16 juillet 967. Original à Paris, Bibliothèque nationale, collection de Bourgogne, vol. 77, pièce 42. Publié par M. A. Bruel, *Recueil des chartes de l'abbaye de Cluny*, t. II, p. 308, n° 1228. Fac-similé, ci-dessus, p. 8.

L'une des signatures est ainsi conçue :

Heginulfus judex sacri palacii rogatus subscripsi. *Eginulfus.*

B

Acte notarié, passé à Calliano, en janvier 969. Original à Turin, bibliothèque de Sa Majesté. Publié par M. C. Cipolla, dans la *Miscellanea di storia italiana*, t. XXV, p. 283. Fac-similé, *ibid.*, pl. I.

Les deux dernières lignes du document sont ainsi conçues :

Ego Ragimbodus notarius, scriptor ejus cartula comutac[ionis], posta-dita complevi et dedi. *Compleri et dedi.*

C

Acte notarié, passé à Asti, le 2 octobre 977. Original à Turin, bibliothèque de Sa Majesté. Publié par M. C. Cipolla, dans la *Miscellanea di storia italiana*, t. XXV, p. 285. Fac-similé du verso, *ibid.*, pl. II.

Au recto, d'après l'édition de M. Cipolla :

In nomine Domini Dei et Salvatoris nostri Jhesu Christi. Otto gratia Dei imperator augustus, anno imperii ejus Deo propicio decimo, secundo die mensis octuber, indicione sexta.

Constat me Astesianum qui dicitur Castella et filius quondam Anestasii de Aste civitate, qui professo sum ex nacione mea lege vivere romana, ac[ce]pissem, sicut et in presencia testium accepi, ad te Johannes presbiter, abitator in eadem civitate Aste et filius quondam Liutardi, argentum denarios bonos solidos decem, finitum precium, pro casas, sedi-minas et omnibus rebus illis juris mei quod abere viso sum in suprascripta civitate Aste vel in ejus territorio, quod sunt suprascriptas casas et omnibus rebus sunt super totum pro mensura justa jugias duas, et si amplius de meo juri rebus in suprascripta civitate Aste vel in ejus territorio plus inventum fuerint quam ut supra mensura legitur, per ane cartulam et pro eodem precio in tua cui supra Johanni presbitero aut cui tu dederis sint potestatem proprietario juri abendum. Que autem suprascriptas casas, etc. (*Suivent les clauses d'usage.*)

Actum in suprascripta civitate Aste feliciter.

Signum ⧉ manus suprascripti Astesiani, qui ane cartulam vindicionis fieri rogavit et suprascripto argento accepit, et ei relecta est.

Signum ⧉⧉⧉ manibus Poncioni et Ragimberti seu Liutardi lege viventes romana testis.

Signum ⧉⧉ manibus Petri, filius quondam Rotlandi, et Natalis, de [suprascripta civitate] Aste, testis.

[Ego Johannes, notarius et judex sacri palacii, scriptor hujus cartula[e] vendi]cionis, post tradita complevi et dedi.

Au verso, en écriture du x° siècle [1] :

.... phri...........an.... Gautella .... Anesta.......

Et en notes tachygraphiques, en sept lignes (le commencement des quatre dernières a été emporté par une déchirure) :

(Ligne i :) *Constat me Astesianus qui dicitur Gautella abitator in Aste civi(tat)e*

(— ii :) *filius con(dam) Astesiani lege vivere romana a Io(han)nes p(resbi)ter abitator in e-*

(— iii :) *ade civi(tat)e filius con(dam) Lintardi ... nigirie [?] pro o(mni)bus rebus illis juris mei*

(— iv :) *.... civi(tat)e Aste vel in ejus teritorio* rebus su(per) io(tum) jugias duas et si plus*

(— v :) .... *[Pos]eii et Raimberti et Lintardi.*

(— vi :) .... *[f]ilius con(dam) Rotlendi et Natalie de civi(tat)e Aste. Anno D(e)o imperator*

(— vii :) ....*[secun]do di* mensis october indicione seuta.* † Io(han)nes ****.*

D

Acte notarié, passé à Asti, le 8 juillet 987. Original à la cathédrale d'Asti. Publié dans les *Historiæ patriæ Monumenta, Chartarum tomus I*, col. 274, n° 162. Photographie en ma possession.

Au recto, d'après l'édition :

Anno incarnacione Domini nostri Jhesu Christi nongentesimo octuagesimo septimo, octavo die mensis julii, indictione quartadecima.

Sanctam autem Astensem, ubi nunc domnus Rozo episcopus preesse videtur, ego Ubertus diaconus de ordine sancte Astensis ecclesie, qui professo sum ex nacione mea lege vivere romana, offertor et donator, a parte canonica sancte Marie matris ecclesie sedis episcopio Astense, presens presentibus dixi : Quisquis in sanctis ac venerabilibus locis ex suis aliquid

[1] D'après une obligeante communication de M. C. Cipolla, qui a bien voulu faire sur ma demande un nouvel examen de la pièce originale.

[2] On remarquera le désaccord de ce passage avec l'acte ci-dessus, qui porte « solidos decem ».

contullerit rebus, justa octoris vocem in oc seculo centuplum accipiet, insuper et quod melius est vitam possidebit eternam. Ideoque ego qui supra Ubertus diaconus dono et aufero a parte ecclesie sancte Marie a presenti post meum decessum, pro mercedem et remedium anime mee, oc est meam porcionem de castro quod positum est in loco et fundo Scriselengo, cum porcionem capelle que est edificata in onore sancte Andree et sancti Cristofali martiris, quod est ipsam porcionem juris mei integram, tercia pars de predicto castro cum area sua, et integram medietatem de predicta capella, cum ministerio et cimicterio suo, et pecia una de sedimen cum cassinas tres et torclaras item tres super se abente, cum pecia una de vites et campo insimul se tenente similique juris mei, quam abere viso sum in jamdicto loco et fundo Scriselengo, et est ipsam meam porcionem de predicto castro et capelle per mensura justa tabulas quinquaginta et quattuor. Coerit ei de una parte terra de eredes quondam Aldoni, de alia parte tenit in via publica, de tercia parte tenit in ingresso qui percurrit a porta usque in via publica. Jamdicta pecia de sedimen cum cassinas tres et torcloras itemque tres super se abente, cum jamdicta pecia de vites, cum area in qua extat seu et campo insimul se tenente, est per mensura justa jugias quattuor et tabulas nonaginta et octo. Coerit ei de duabus partibus pergunt vias, de tercia parte sedimen Johanni, sibeque alii sunt coerentes. Que autem jamdictam meam porcionem de castro et de jamdictam meam porcionem de predicta capella seu de prenominata pecia de sedimen cum cassinas et torcloras super se abento et de jamdicta pecia de vites cum campo insimul se tenente juris mei superius dictas, una cum accessiones, etc.

Actum in jamdicta civitate Aste feliciter.

+ Ego Ubertus diaconus in hac carta offersionis a me facta manu mea subscripsi.

Signum + + manibus Ahnoini et Anselmi lege viventes romana testis.

Signum + + + manibus Petri et Adelberti seu Stefani de jamdicta civitate Aste testis.

Ego qui supra, Johannes, notarius et judex sacri palacii, scriptor hujus cartule offersionis, post tradita complevi et dedi.

Au verso :

(Ligne 1 :) *Carta offersionis* ° *facit Ubertus a parte ecclesia s(anct)e Marie.*
(— 11 :) *Dono et et* (sic) *afero* (dans l'interligne : *post meum decessum*)
meam porcionem de castro . . . . . .
(— 111 :) *tercia* ° *e et medieta(tem) de capella* . . . .

(Ligne IV :) ** casinas..
....
....
....
(— VIII :)...........*Petrus Adelber[tus]*................*octua[gesimo]*
(— IX :) [septi]mo octa[vo].......

E.

Acte notarié, passé à Asti, le 11 mars 996. Original à la cathédrale d'Asti. Publié dans les *Historiæ patriæ Monumenta, Chartarum tomus I*, col. 297, n° 178. Fac-similé ci-joint.

Au recto, d'après l'édition :

Hanno incarnacione Domini nostri Jhesu Christi nogentesimo nonagesimo sexto, undecimo die mensis marcii, indictione octava.

Episcopio sancte Astensis ecclesie, ubi nunc domnus Petrus episcopus preesse videtur, ego Goffredus filius quondam Aldeprandi, de loco Curte Comario, qui professo sum ex nacione mea lege vivere Langobardorum, offertor et donator, a parte canonica sancte Dei genetricis virginis Marie matris ecclesie sedis episcopio Astenso, presens presentibus dixi : Quisquis in sanctis ac venerabilibus locis ex suis aliquit contullerit rebus, justa octoris vocem in oc seculo centuplum accipiat, insuper et quod melius est vitam possidebit eternam. Ideoque ego qui supra Goffredus dono et aufero a parte predicta canonica sancte Marie a presenti dia pro mercedem et remedium anime mee, id est pecia una de terra aratoria, baliquantulum bosseo insimul se tenente, juris mei, quam abere viso sum in valle qui dicitur Manaria. Est per mensura justa jugia una. Coerit ei da una parte terra sancti Martini, de alia parte terra mea cui supra Goffredi, quod in mea reservo potestate, de tercia parte terra itemque Goffredi, de quarta parte bosseo Johanni, sibeque alii sunt coerentes. Que autem suprascripta pecia de terra aratoria, *etc.*, ab hac die in eadem canonicam sancte Marie dono et aufero, *etc.*

Actum intus sacretario sancte Marie feliciter.

Signum † manibus istius Goffredi, qui anc cartulam offersionis fieri rogavit et ei relecta est.

Signum ††† manibus Graeoverti et Petri de jam dicta civitate Asta seu Gariardi testis.

Ego qui supra, Johannes, notarius et judex sacri palacii, scripter hujus cartule offersionis, post tradita complevi et dedi.

Au verso :

(Ligne 1 :) *Carta oferavionis* .... *Goffredus de Carta Comario filius con-*
(dam) Aldeprandi

(— II :) .... *canonicos s(anct)e Marie de Aste p(osi)s una de terra*
arataria

(— III :) *bosco* .... *Carte Comario a loca ubi dicitur Val Mo-*
xaria

(— IV :) .... *a de una de ante (?) reserro, de alia s(anc)ti*
Martini, de tercia

(— V :) *ra Goffredi* ... *[de] carta bosco Jo(hann)i ac die. Testes Grateverti,*
Petrus de Aste.

(— VI :) *Gariardus. Anno incarnacionis nonagesimo sexto, undecimo die*
mensis

(— VII :) *mareii, indicrione octava. + Jo(han)nes**.*

F

Lettres de Gerbert : voir J. Havet, *L'écriture secrète de Gerbert*, dans les *Comptes rendus* de l'Académie des inscriptions, 4e série, t. XV, p. 94-112, et à part (Paris, 1887, in-8°). Éditions du texte ordinaire : J. Masson, *Epistolæ Gerberti* (Paris, 1611, in-4°); A. du Chesne, *Historiæ Francorum Scriptores*, t. II, p. 789-827; Migne, *Patrologia*, série latine, t. CXXXIX, p. 201-244; A. Olleris, *Œuvres de Gerbert* (Clermont-Ferrand et Paris, 1867, in-4°). Copies modernes des passages en notes, d'après un manuscrit aujourd'hui perdu : Paris, Bibliothèque nationale, ms. de Baluze, n° 129, fol. 123, 124; Rome, Vallicellane, ms. G, 94, *passim*; Leyde, ms. Voss. lat. 4°, n° 54, fol. 73. Fac-similés des notes : d'après les copies de Baluze, Olleris, *passim*, et J. Havet, pl. II, III; d'après le manuscrit de Leyde, J. Havet, pl. I (lettre F).

Je reproduis le déchiffrement donné dans mon premier mémoire, avec quelques additions et corrections :

Lettre n° cxiv (Olleris, n° 109) : Nam quippe, ut vestra legimus et nostrum legatum a palatio accepimus, qui omnia quae fuisserat Ar(nulfi) filium ejus regio dono accepisse firmaret.

N° cxx (Olleris, n° 128) : Dominae Aug. Th. *ex persona Hu. regis.*

N° cxxi (Olleris, n° 158) : Treverensi *ex persona A.*

N° cxxii (Olleris, n° 131) : Si *nepos meus episcopus Verdunensis datis* obsidibus ad nos usque pervenire posset.

N° cxxiv (Olleris, n° 134) : A. *archiepisco**.*

N° cxxv (Olleris, n° 146) : Treverensi Ec. *ex persona A. ar(chiepiscopi).*

Ibid. : Et quoniam vos et gravari et defatigari nisi in summa rerum necessitudine nolumus, *nepotem meum* B., vel, si sic judicatis, quemvis alium tantum cum militum robore subsidio *nobis mitti oramus* XIIII kal. oct.* ut et nostri refugi perterriti redeant.

N° cxxvii (Olleris, n° 83) : *Gibuino episcopo.*

N° cxxviii (Olleris, n° 130) : Quibus angustiis domina mea Hemma afficiatur quantoque prematur angore, testis est epistola ipsius ad domi- nam Th. *imperatricem* jamdudum directa.

N° cxxix (Olleris, n° 110) : *Ex persona A. ar(chiepiscopi) comiti Gode- frido.*

N° cxxxiii (Olleris, n° 86) : *Gibuino episcopo.*

N° cxxxvi (Olleris, n° 143) : Noverit ergo *Anselmus* omnia quae circa te sunt.

Ibid. : Iterum vale et a *Roberto* (?)** acensi (?) plurimum cave.

N° cxxxvii (Olleris, n° 119) : Veniam com.*** ad nos usque quam proxime.

N° cxlvii (Olleris, n° 147) : De castro *Divione* (?) dicimus.

G

Bulle de Silvestre II pour Quedlimbourg, avril 999. Copie à Magdebourg, archives de l'État. Jaffé, *Regesta pontificum romanorum*, 1re édition, n° 2988; 2e édition (Loewenfeld), n° 3902. Fac-similés : P. Ewald, *Zur Diplomatik Silvesters II*, dans *Neues Archiv der Gesellschaft für ältere deutsche Geschichts- kunde*, IX, planche (lettre D); J. v. Pflugk-Harttung, *Speci- mina selecta chartarum pontificum romanorum*, II, pl. 113, n° 7;

J. Havet, *L'écriture secrète*, pl. I (B). Cf. Kopp, *Palæographia critica*, t. I, p. 418, § 439.

A la fin :

✝ BENE VALETE   *Bene valete.*

H

Bulle de Silvestre II pour Théotard, évêque du Puy-en-Velay, 23 novembre 999. Original à Paris, Bibliothèque nationale, ms. lat. nouv. acq. 2507 (galerie des chartes, n° 420). Jaffé, *Regesta*, n° 2994; édition Loewenfeld, n° 3906. Fac-similés : *Bibliothèque de l'École des chartes*, t. XXXVII (1876); *Recueil de fac-similés à l'usage de l'École des chartes* (Paris, 1880, in-fol.), n° 32; Ewald (B); Pflugk-Harttung, I, pl. 9; J. Havet, pl. I (B).

A la fin :

✝ BENE   *Gerbertus qui et Silvester epis[copus]*...
VALETE

I

Bulle de Silvestre II pour Salla, évêque d'Urgel, mai 1001. Original à la cathédrale de la Seo de Urgel. Jaffé, n° 3002; Loewenfeld, n° 3918. Publié et décrit par M. Auguste Brutails, dans la *Bibliothèque de l'École des chartes*, t. XLVIII (1887).

A la fin :

✝ BENE   *Silvester Gerbertus*
VALETE   *ro[ma]nus episcopus subscripsi*

J

Bulle de Silvestre II pour Monte Amiata, novembre 1002. Copie à Sienne, archives de l'État. Jaffé-Loewenfeld, n° 3925.

Fac-similés : Ewald (C); Pflugk-Harttung, II, pl. 3, n° 8;
J. Havet, pl. I (C).

A la fin :

✠ BENE *Silvester Gerbertus*
VALETE *romanus episcopus subscripsi.*

K

Bulle de Silvestre II pour San Cugat del Valles, décembre
1002. Original à Barcelone, archives de la couronne d'Ara-
gon. Jaffé-Loewenfeld, n° 3927. Fac-similés : Ewald (A);
J. Havet, pl. I (A et E).
A la fin :

✠ BENE *Silvester Gerbertus*
VALETE *romanus episcopus.*

II. CATALOGUE DES CARACTÈRES QUI FIGURENT DANS LES DOCUMENTS PRÉCÉDENTS.

Chaque document où figure un caractère est indiqué par
une lettre majuscule correspondant à celle qui est placée en
tête de la même pièce dans les transcriptions précédentes; la
ligne où on le trouve (dans les lettres de Gerbert, le numéro
de la lettre), par un chiffre romain; la place du caractère
dans une ligne ou dans une pièce, par un numéro d'ordre en
chiffres arabes.

A. — C, I, 16; II, 8, 18, 21; III, 1. — D, I, 14; III, 3; VIII, 10,
15. — E, II, 19. 23; III, 9, 21; IV, 1, 12, 14, 23; V, 10. — F, CLXVIII,
2; CXXXVI, 9 (?). — Cf. Gra, P(eci)a.

Ae. — E, V, 10-11.

Al. — E, I, 22.

Am. — D, II, 9.

An. — C, I, 7; VI, 16. — E, IV, 6 (?); VI, 5. — F, CXXVI, 1. —
Cf. Prin.

Ar. — E, VI, 3. — F, CXXIV, 1. — Cf. Ar(chiepiscopi), Ar(nulf).

Original en couleur

NF Z 43-120-8

Ar(chiepiscopi). — F, cxxv, 9; cxxix, 5.
Ar(nulfi). — F, cxiv.
At. — C, i, 4, 21; ii, 5; iv, 6, 21, 23; vi, 14. — E, ii, 11; v, 23.

Be. — G, 1.
Ber. — C, v, 6; vii, 8. — D, i, 12; viii, 12. — F, cxxxvi, 5 (?).
— H, 2. — I, i, 5. — J, i, 5. — K, i, 5.
Bi. — G, i, 17; ii, 22. — E, iii, 13.
Bis. — F, cxxv, 16.
Bos. — E, iii, 1; v, 7.
Bu. — F, cxxvii, 2; cxxxiii, 2.
Bus. — C, iii, 23; iv, 16. — Cf. O(mni)bus.

C. — E, v, 11. — Cf. *Dic, Oc.*
Ca. — D, i, 17, 20; iii, 12; iv, 3. — E, ii, 1, 4; iii, 11.
Car. — D, i, 1. — E, i, 1; v, 5; vi, 8.
Cas. — D, ii, 15.
Ce, pour *Cen.* — F, cxxviii, 12.
Cen. — F, cxxxvi, 10 (?).
Ces. — D, ii, interligne.
Ci. — C, i, 11; v, 1; vii, 11. — D, ii, 11; iii, 2. — E, iii, 15; iv, 22; vi, 10, 22; vii, 2, 6. — Cf. *Civi*(tat)*e, Civi*(tate).
Cit. — D, i, 10.
Civi(tat)*e.* — C, i, 23-25; iii, 3-5; iv, 1-3.
Civi(tate). — C, vi, 12-13.
Co. — E, i, 14; iii, 2, 5; v, 8. — F, cxiii, 7; cxxiv, 4; cxxvii, 7; cxxix, 6; cxxxiii, 7. — I, ii, 5. — J, ii, 6. — K, ii, 6.
Con. — B, 1. — Cf. *Con*(dam).
Con(dam). — C, ii, 4; iii, 9; vi, 3. — E, i, 21.
Cons. — C, i, 1.
Cur. — E, i, 12; iii, 3.

De. — B, 5. — C, iii, 2; vi, 11. — D, ii, interligne, 14; iii, 11. — E, i, 11, 23; ii, 10, 16; iv, 2, 5 (?), 11, 20; v, 22; vi, 21. — F, cxxix, 10.
Del. — D, viii, 11.
Di. — B, 6. — C, i, 10; iii, 13; v, 12; vi, 6; vii, 2. — D, iii, 8. — E, i, 25; iii, 14; v, 4, 12; vi, 24. — F, cxxvii, 1 (?).
Dic. — C, vii, 10. — E, vii, 5.

Do. — C, vii, 1. — D, ii, 1. — F, clxviii, 7; clxxi, 14.
Dec. — C, iii, 16.
Du. — C, iv, 22. — F, cxlii, 10.
Dus. — E, i, 10; vi, 4.

E. — A, 1. — C, ii, 26; iv, 8. — D, i, 25; iii, 5, 9. — E, iii, 9; v, 13; vi, 25. — F, cxxii, 5; cxxiv, 2; cxxvii, 5; cxxviii, 3; cxxxiii, 5. — H, 9. — I, ii, 3. — J, ii, 4. — K, ii, 4. — Cf. Gis(ele)e, Ple, S(met)e, Tre.
Er. — B, 4. — C, iv, 24; v, 3, 8; vi, 7. — D, ii, 3, 4; iii, 6. — H, 5.
Ex. — F, cxx, 1; cxxi, 1; cxxv, 5; cxxxvi, 1.

Fe. — D, i, 9; ii, 6.
Fer. — D, i, 4. — E, i, 4.
Fi. — C, ii, 1; iii, 6. — E, i, 18.
Fre. — E, i, 9; v, 3.
Fri. — F, cxxix, 11.
Fus. — A, 4.

Ga. — E, vi, 1.
Gau. — C, i, 13.
Ge. — C, ii, 11. — E, vi, 15.
Ger. — H, 1. — I, i, 4. — J, i, 4. — K, i, 4.
Gi. — A, 2. — C, iv, 20. — F, cxxvii, 1; cxxxiii, 1.
Gin. — C, iii, 18.
Gis. — F, cxx, 6.
Go. — F, cxxix, 9.
Gof. — E, i, 8; v, 2.
Gru. — E, v, 16.

H. — Cette lettre n'est jamais exprimée. — Cf. A, 1. — C, i, 16; ii, 21. — E, v, 10-11. — F, cxxiv; cxxviii, 3.

I. — C, iii, 29; v, 2. — E, vii, 3. — F, cxxvii, 3; cxxxiii, 3. — Cf. Fri, Jo(hann)i, Tri.
Il. — C, iii, 24.
Im. — C, v, 5; vi, 20. — F, cxxviii, 8.
In. — C, i, 20; ii, 25; iv, 7; vii, 9. — E, ii, 7; vii, 4.

Jo. — Cf. *Jo(han)nes, Jo(han)i.*
Jo(han)nes. — C, ii, 19; vii, 16. — E, vii, 12.
Jo(han)i. — E, v, 9.
Ju. — C, iii, 26; iv, 19.
Jus. — C, iv, 9.

La. — C, i, 15. — D, iii, 14.
Lau. — C, vi, 5.
Le. — C, ii, 10. — G, 4.
Li. — C, ii, 2; iii, 7, 10; v, 9; vi, 1. — E, i, 19; iv, 13.
Lis. — C, iii, 25; vi, 10.
Lo. — C, iii, 15. — E, iii, 10.

Ma. — C, ii, 16. — D, i, 23. — E, i, 15; ii, 7; iii, 6. — F, cxxviii, 4. — J, ii, 2. — K, ii, 2.
Mar. — E, iv, 17; vii, 1.
Me. — C, i, 3; iii, 28. — D, ii, interligne, 8; iii, 7. — E, iii, 18. — F, cxxii, 3; cxxv, 13; cxxviii, 1.
Medieta(tem). — D, iii, 7-10.
Men. — C, vii, 4. — E, vi, 26.
Mi. — F, cxxv, 17; cxxviii, 6; cxxiii, 7.
Mo. — D, ii, 3. — E, vi, 17, 23.
Mus. — F, cxxv, 21; cxxxvi, 3.

Na. — C, ii, 17; vi, 8. — E, ii, 15; iii, 19; iv, 4; vi, 9, 14. — F, cxx, 4; cxxi, 4; cxxv, 8; cxxiii, 4.
Na, pour *Nam.* — F, cxxviii, 7.
Nas. — D, iv, 5.
Ne. — C, vii, 13. — E, ii, 12; vii, 8. — F, cxxii, 1; cxxv, 10; cxxvii, 4. — G, 2.
Nam. — D, ii, 13.
Nen. — F, cxxii, 11.
Nes. — Cf. *Jo(han)nes.*
Ni. — C, ii, 9. — D, i, 19. — E, ii, 3; iv, 19.
Nis. — D, i, 7. — E, i, 7.
No. — C, vi, 17. — D, i, 18; ii, 2. — E, ii, 2; vi, 6, 13. — F, cxxv, 15; cxxvii, 4; cxxxiii, 4.
Nul. — A, 3.
Nus. — C, i, 8. — I, ii, 2. — J, ii, 3. — K, ii, 3.

O. — C, iv, 14; vii, 12. — D, 1, 2, 6; iii, 5, 12. — E, 1, 3, 6, 17; iii, 8; vi, 11; vii, 7. — F, cxxv, 19; cxlvii, 8. — Cf. *O(mni)bus*, *Tre.*

Oa. — C, vii, 6. — D, viii, 13; ix, 4. — E, vii, 9.

O(mni)bus. — C, iii, 21.

Ot. — C, vi, 18.

P. — Cf. *P(ecc)a*, *P(resbi)ter.*

Par. — D, 1, 15.

Pe. — C, vi, 21. — D, viii, 8. — E, v, 20. — F, cxxviii, 9.

P(ecc)a. — E, ii, 13.

Ped. — D, iii, 13.

Per. — F, cxi, 2; cxxii, 2; cxxv, 6; cxxix, 2.

Pia. — F, cxxii, 6; clxiv, 3; cxxvii, 6; cxxxiii, 6. — H, 10. — I, ii, 4. — J, iii, 5. — K, ii, 5.

Pie. — B, 2.

Plaa. — C, iv, 26.

Po. — F, cxxv, 11; cxxvii, 8; cxxxiii, 8.

Por. — D, ii, 10.

Pos. — F, cxxii, 2.

Post. — D, ii, interligne.

Prm. — E, 1, 24.

P(resbi)ter. — C, ii, 20.

Pro. — C, iii, 20.

Pus. — F, cxxii, 8. — I, ii, 6. — J, ii, 7. — K, ii, 7.

Quar. — Voir *Car.*

Qui. — C, 1, 9. — H, 4.

Quondam. — Voir *Con(dam)*.

Ra. — C, v, 4; vi, 22. — E, ii, 18, 20; v, 1. — F, cxxv, 20; cxxviii, 10.

Re. — C, ii, 14; iii, 22; iv, 15. — E, iv, 8. — F, cxx, 5.

Rem. — F, cxxv, 3.

Ri. — C, iv, 11, 13. — D, 1, 24. — E, 1, 16; ii, 8, 22; iii, 7, 20; vi, 2.

Riz. — C, iii, 27.

Ro. — C, ii, 15. — D, ii, 7. — F, cxxxvi, 4 (?). — I, ii, 1. — J, ii, 1. — K, ii, 1.

Rot. — C, vi, 4.

S. — Cf. *S(anct)o*, *S(anc)ti.*

S(anct)o. — D, I, 21-22. — E, II, 5-6.

S(anc)ti. — E, IV, 15-16.

Sel. — F, CXXXVI, 2.

Ser. — E, IV, 9.

Ses. — C, VII, 14. — E, VI, 18.

Si. — C, I, 6; II, 7; IV, 25. — D, I, 5; IV, 4. — E, I, 5; VI, 16. — F, CXXV, 4; CXXXVI, 11 (?).

Sil. — H, 6. — I, I, I. — J, I, I. — K, I, I.

Sis. — C, VII, 5. — E, VI, 27. — F, CXIII, 12.

So. — C, III, 14. — F, CXX, 3; CXXI, 3; CXXV, 7; CXXIX, 3.

Su. — Cf. *Su(per) to(tum).*

Sum. — D, II, interligne.

Su(per) to(tum). — C, IV, 17, 18.

T. — Cf. *Cit, Ot, Post, Rot, Tat.*

Ta. — C, I, 18; II, 23; VI, 9; VII, 15. — D, I, 2; III, 10; IX, 5. — E, I, 2; IV, 7 (?); V, 6; VII, 10.

Tar. — C, III, 12; V, 11.

Tat. — C, I, 2.

Te. — C, I, 5, 22; II, 6; III, 19; IV, 5, 10; VI, 15. — D, I, 16. — E, I, 13; III, 4. — F, CXXV, 12. — G, 5.

Te (autre forme). — E, II, 12; V, 17, 24.

Tel. — C, I, 14.

Ter. — D, III, 1. — E, II, 17; IV, 21. — H, 8. — I, I, 3. — J, I, 3. — K, I, 3. — Cf. *P(resb)ter.*

Tes. — E, V, 14, 15.

Ti. — C, V, 7. — E, IV, 18; V, 19. — F, CXIV, 18; CXIII, 8. — Cf. *S(anc)ti.*

To. — C, IV, 12; VI, 19. — E, II, 21; VI, 19. — F, CXXXII, 6 (?). — Cf. *Su(per) to(tum).*

Tor. — C, I, 19; II, 24; VI, 23.

Tre. — F, CXXV, 1.

Tri. — F, CXXVIII, 11.

Tro. — D, II, 16.

Tras. — D, VIII, 9. — E, V, 21.

Tu. — C, VIII, 7. — D, VIII, 14.

Tur. — C, I, 12. — E, III, 16.

Tus. — D, I, 13. — H, 3. — I, I, 6. — J, I, 6. — K, I, 6.

U. — C, iii, 11; v, 10. — D, i, 11. — E, ii, 14; iii, 12; iv, 3.
Va. — E, vii, 11. — G, 3.
Val. — E, iii, 17.
Ve. — C, ii, 13. — F, cxxv, 2.
Vel. — C, iv, 6.
Ver. — E, v, 18. — F, cxiii, 9.
Vet. — H, 7. — I, 1, 2. — J, 1, 2. — K, 1, 2.
Vi. — B, 3. — C, ii, 12; iii, 17. — F, cxlvii, 2(?). — Cf. Cici(ui)*e*,
Cici(ule).
Um. — D, ii, interligne. — F, cxxv, 14.
Un. — E, vi, 20.
Ve. — E, iv, 10.
Us. — C, ii, 3; iii, 8; vi, 2. — E, i, 20. — F, cxiii, 4. — Cf.
Plus, Tras.

Original en couleur

NF Z 43-120-8